BEI GRIN MACHT SICH IHR WISSEN BEZAHLT

- Wir veröffentlichen Ihre Hausarbeit,
  Bachelor- und Masterarbeit

- Ihr eigenes eBook und Buch -
  weltweit in allen wichtigen Shops

- Verdienen Sie an jedem Verkauf

Jetzt bei www.GRIN.com hochladen
und kostenlos publizieren

Bibliografische Information der Deutschen Nationalbibliothek:

Die Deutsche Bibliothek verzeichnet diese Publikation in der Deutschen National-
bibliografie; detaillierte bibliografische Daten sind im Internet über http://dnb.d-
nb.de/ abrufbar.

Dieses Werk sowie alle darin enthaltenen einzelnen Beiträge und Abbildungen
sind urheberrechtlich geschützt. Jede Verwertung, die nicht ausdrücklich vom
Urheberrechtsschutz zugelassen ist, bedarf der vorherigen Zustimmung des Verla-
ges. Das gilt insbesondere für Vervielfältigungen, Bearbeitungen, Übersetzungen,
Mikroverfilmungen, Auswertungen durch Datenbanken und für die Einspeicherung
und Verarbeitung in elektronische Systeme. Alle Rechte, auch die des auszugsweisen
Nachdrucks, der fotomechanischen Wiedergabe (einschließlich Mikrokopie) sowie
der Auswertung durch Datenbanken oder ähnliche Einrichtungen, vorbehalten.

Impressum:

Copyright © 2015 GRIN Verlag, Open Publishing GmbH
Druck und Bindung: Books on Demand GmbH, Norderstedt Germany
ISBN: 9783668537231

Dieses Buch bei GRIN:

http://www.grin.com/de/e-book/376299/analyse-von-kinder-und-jugendzeitschriften-
am-beispiel-bravo-sind-die

Mario Breunig

Analyse von Kinder- und Jugendzeitschriften am Beispiel "BRAVO". Sind die darin vermittelten Werte vertretbar?

GRIN Verlag

GRIN - Your knowledge has value

Der GRIN Verlag publiziert seit 1998 wissenschaftliche Arbeiten von Studenten, Hochschullehrern und anderen Akademikern als eBook und gedrucktes Buch. Die Verlagswebsite www.grin.com ist die ideale Plattform zur Veröffentlichung von Hausarbeiten, Abschlussarbeiten, wissenschaftlichen Aufsätzen, Dissertationen und Fachbüchern.

Besuchen Sie uns im Internet:

http://www.grin.com/

http://www.facebook.com/grincom

http://www.twitter.com/grin_com

Kurs Sf42; Möller-Kühn

Kursthema: Ethische Konflikte in unserer Gesellschaft

Kinder & Jugend-Zeitschriften:

Sind die darin vermittelten Werte vertretbar?

Eine Arbeit am Beispiel der BRAVO

Mario Breunig

Themenausgabe: 10.02.2015

Abgabetermin: 24.03.2015

Inhaltsverzeichnis

1. Einleitung

Kinder und Jugendzeitschriften. Egal ob nun ein Comicheft, eine Mädchenzeitschrift, oder eine Sachzeitschrift, fast jeder hat schon einmal in eine gelesen. Doch eine der erfolgreichsten Zeitschriften ist die Bravo. Gegründet vor mehreren Jahrzenten, hält sie sich bis heute tapfer als Marktführer der Branche. Und ist, laut Gerüchten, unter anderem für die sexuelle Aufklärung ganzer Generationen verantwortlich. Solch eine Zeitschrift hat großen Einfluss auf die Jugendlichen, da über sie, wenn auch indirekt, die Vermittlung moralischer Grundwerte erfolgt. Zudem stellt die Bravo oftmals die einzige Quelle sexueller Aufklärung dar, die der Leser erhält. Gerade in dieser Position trägt die Bravo eine ganz besondere Verantwortung.

Vor dieser Arbeit habe ich selbst noch nicht eine einzige Ausgabe der Bravo gekauft, oder gelesen. Jedoch interessiert es mich, welche Moral und Wertvorstellungen den Inhalten der Zeitschrift zu Grunde liegen und verbreitet werden, über welche sich die Mitschüler in der Grundschule immer unterhalten haben. Daher werde ich für diese Arbeit, aus einigen Ausgaben der Bravo, beispielhaft Artikel auswählen und daraufhin Analysieren ob die darin vermittelten Werte vertretbar sind. Um eine Aussicht darauf zu haben, dies bewerkstelligen zu können, werde Ich mich in dieser Arbeit mit einigen Theorien auseinandersetzen, wie sie die Wertvorstellungen eines Menschen bilden und verändern können. Des Weiteren werde ich die Geschichte der Bravo unter die Lupe nehmen und dann zu Artikelanalyse übergehen und letzten Endes versuchen einen Schluss zu fassen ob die in den Artikeln vermittelten Werte vertretbar sind.

2. Der Begriff „Wert"

2.1 Bestehende Definitionen und Werttheorien

Um eine Definition des Begriffs „Wert" für diese Arbeit zu finden, habe ich mich erst einmal mit bestehenden Definitionen und Theorien des Begriffs beschäftigt. Im Folgenden gebe ich nun einen Überblick über die Definitionen/Theorien mit denen ich mich auseinandergesetzt habe. Diese reichen von Theorien bekannter Autoren bis hin zu einem einfachen Lexikon Auszug.

Laut der Definition in Meyers Taschenlexikon sind Werte eine *„im soziokulturellen Entwicklungsprozess einer Gesellschaft sich herausbildende, von der Mehrheit der Gesellschaftsmitglieder akzeptierte und internalisierte Vorstellung über das Wünschenswerte als grundlegender Orientierungsmaßstab bei Handlungsalternativen; aus den Werten leiten sich Normen und Rollen ab, die das Alltagshandeln bestimmen."*[1] Was in dieser Definition schon deutlich wird, ist die wichtige Tatsache, dass Werte sich entwickeln, also nicht als Tatsache von Anfang an da sind. Dies führt mich zu der Annahme, dass sich Werte im Laufe der Zeit verändern können oder in verschiedenen Generationen die unter verschiedenartigen Einflüssen stehen, sich drastisch unterscheiden können. Unterstützt wird diese Annahme durch Ronald Inglehart. Er setzt sich in seinem Buch „The Silent Revolution" mit der Entstehung von Werten und deren Veränderung auseinander. Er äußert sich wie folgt: *„People tend to retain a given set of value priorities throughout adult life, once it has been established in their formative years. If the latter hypothesis is correct, we should find substantial differences in the values held by various age groups."*[2] Doch wie kommt es nun bei dem einzelnen zu einer Wertevorstellung, und wie kommt es zu einer Gewichtung der Werte oder einer Veränderung derselben? Die Vermittlung von Werten ist im Wesentlichen Aufgabe der Erziehung, ja man könnte Erziehung gleichsetzen mit Werteerziehung.[3]Zudem meint Bueb, in seinem Aufsatz über Werteerziehung, Es gäbe keinen Wandel der Werte, sondern nur einen Wandel der Einstellung zu diesen und der Bedeutung derselben für die Menschen.[4] Zudem entspräche dieser einem Wandel der Erziehungsziele/-stile, und der Bildungsinhalte.[5] Diese Betrachtung lässt sich mit einem Zitat Buebs abrunden, er schreibt so wörtlich: *"Aus dem Wandel der Einstellung zu Werten resultiert eine Veränderung moralischer Auffassungen. Die Werte selbst wandeln sich nicht, sie werden auch nicht angezweifelt, es wandelt sich aber ihre Rangordnung und die Bedeutsamkeit einzelner Werte für das Handeln der Menschen."*[6]

---

[1] Ohlig, Wert, in: Meyers grosses Taschenlexikon, Bd 24, S. 77
[2] Inglehart, Silent Revolution, S. 23
[3] Vgl. Bueb, Werteerziehung, S. 49
[4] Ebenda, S.48
[5] Ebenda, S,50
[6] Bueb, Werteerziehung, S. 49

2.2 Definition des Begriffs für diese Arbeit

Fassen wir also zusammen. Was ist gemeint wenn in dieser Arbeit von Werten oder gar einem Wertewandel die Rede ist?

Wert: betrachtet werden in dieser Arbeit überwiegend die sozialen Werte, die anderen Werte wie zum Beispiel ökonomische Werte werden bei der Betrachtung vernachlässigt. Ein Wert ist eine stark verinnerlichte moralische Vorstellung vom Wünschenswerten, die sich je nach Erfahrung, Erziehung, und Gesellschaft voneinander unterscheiden können, jedoch in der Gesellschaft immer relativ ähnlich sind. Diese Moralvorstellung bildet das Grundgerüst des Handelns. Daraus ergibt sich, dass solange jemand nach seinen Werten handelt, hat er nicht das Gefühl etwas Falsches zu tun.

Wertewandel:

Werte an sich ändern sich nicht. Der soziale Wert der Liebe wird auch in Jahrzehnten noch der Wert der Liebe sein, was sich ändert ist der Rang, die Wichtigkeit dieses Wertes. Und die Vorstellung über den Gehalt eines Wertes

3. Die BRAVO

3.1 Geschichte

Eigentlich kennt sie jeder, ob nun in der Jugend selber gelesen oder nur von Freunden davon gehört. Wenn der Name der Zeitung fällt, so bemerkte ich, assoziieren die meisten diesen, je nach Geschlecht mit den Rubriken: Dr. Sommer, Foto – Love, Stars und Leben. Die Geschichte der Bravo könnte man mit einer Aktie vergleichen.[7] Anfangs schnellte die Auflagenzahl steil nach oben, man verkaufte über eine Million Hefte und das über fast zwanzig Jahre.[8] Doch dann, 1996 ungefähr zu der Zeit als sich die Band „Take That" auflöste, gingen die Auflagen auf Talfahrt und erholten sich bis heute nicht vollständig.[9] Im zweiten Quartal 2014 lag die Bravo bei nur noch durchschnittlich 144.695 Auflagen pro Ausgabe.[10] Im Folgenden möchte ich einen kurzen Überblick über die Geschichte der nun schon 58 Jahre bestehenden Zeitung geben. Im August 1956 erschien die von Peter Boenisch gegründete Bravo erstmals.[11] Damals war sie noch keine reine Jugendzeitschrift, sondern hatte aufgrund der starken Beliebtheit des Kinos den Titel „*Bravo*

---

[7] Vgl. Schmidt, Die Zeitschrift „Bravo", http://www.wissen.de/podcast/dr-sommer-starschnitt-und-tokio-hotel-die-zeitschrift-bravo-podcast-148, Stand: 14. März 2015
[8] Vgl. Pilarczyk, Bravo!, http://www.spiegel.de/kultur/gesellschaft/50-jahre-jugendmagazin-na-bravo-a-433331.html, Stand: 14. März 2015
[9] Vgl. Schmidt, Die Zeitschrift „Bravo", http://www.wissen.de/podcast/dr-sommer-starschnitt-und-tokio-hotel-die-zeitschrift-bravo-podcast-148, Stand: 14. März 2015
[10] Vgl. http://de.wikipedia.org/wiki/Bravo_%28Zeitschrift%29 Stand: 14. März 2015
[11] Vgl. Schmidt, Die Zeitschrift „Bravo", http://www.wissen.de/podcast/dr-sommer-starschnitt-und-tokio-hotel-die-zeitschrift-bravo-podcast-148, Stand: 14. März 2015

– *Zeitschrift für Film und Fernsehen.*"[12] Auf dem ersten veröffentlichten Titelbild sind Stars wie, Marilyn Monroe und Richard Widmark zu sehen.[13] Die Stars waren damals wie heute, einer der größten und gewinnbringendsten Teile der Zeitung. Dies erkannte der Verlag und veröffentlicht ab 1959 die Starposter in der Bravo auch Lebensgröße.[14] In den 60er Jahren gelingt es Bravo, mit Berichten über die Beatles, erstmals die Millionengrenze der Auflagenzahl zu überschreiten.[15] Es folgt eine fast zwanzig Jahre anhaltende Erfolgswelle. Ab 1962 beginnt bei Bravo die Ära der Aufklärungsarbeit mit der Veröffentlichung einer „Knigge für Verliebte". Für damalige Zeiten ein Skandal, was die Reaktion von Eltern und Kirche erklärt.[16] Was bei der älteren Generation auf wenig Verständnis stößt, trifft bei der Jugend umso mehr auf Begeisterung. Der Grundstein ist gelegt, ab 1969 beantwortet Dr. Sommer, ein Arzt, Therapeut, und Religionslehrer, später auch mit einem ganzen Team die Fragen der Jugendlichen rund um die Themen: Liebe, Sex, Pubertät und so weiter.[17] Das Projekt kommt großartig bei den Jugendlichen an, die Redaktion bekommt pro Woche rund 400 Briefe.[18] Bei den Erwachsenen kam die Beratungsgruppe weniger gut an, wegen seiner von Anfang an sehr liberalen Einstellung und dem Versprechen keine falsche Moral zu predigen wo sie nicht hingehöre.[19] Die Rubrik Dr. Sommer war auch der erste und dann auch häufigere Grund warum die Bravo „Opfer" von Indizierungsanträgen wurde. Nicht alle waren erfolgreich, jedoch wurde 1972 das erste Mal eine Bravo auf den Index gesetzt. Der Grund, Dr. Sommer hatte in seiner Sprechstunde über das Masturbieren geschrieben, die offizielle Stellungnahme der Jugendschützer lautete: *„Die Geschlechtsreife alleine berechtigt noch nicht zur Inbetriebnahme[20] der Geschlechtsorgane.*"[21] Des Weiteren durchlebte die Bravo in den siebziger Jahren einen Stilwandel, sie wird immer bunter, knalliger, reißerischer, ähnelt immer mehr einem Boulevardblatt und es wird das erste Cover im heutigen Sinne veröffentlicht.[22] In den neunziger Jahren wird die Bravo wegen stark gesunkener Auflagenzahl unterteilt, es fehlt an Massentauglichen Themen. Es entsteht die Bravo Family bestehend aus: Bravo, Bravo Girl,

[12] Schmidt, Die Zeitschrift „Bravo", http://www.wissen.de/podcast/dr-sommer-starschnitt-und-tokio-hotel-die-zeitschrift-bravo-podcast-148, Stand: 14. März 2015
[13] Vgl. Wolf, Geschichte, http://www.augsburger-allgemeine.de/panorama/Die-Geschichte-der-Bravo-id4508146.html, Stand: 14. März 2015
[14] Vgl. Pilarczyk, Bravo!, http://www.spiegel.de/kultur/gesellschaft/50-jahre-jugendmagazin-na-bravo-a-433331.html, Stand: 14. März 2015
[15] Vgl. Schmidt, Die Zeitschrift „Bravo", http://www.wissen.de/podcast/dr-sommer-starschnitt-und-tokio-hotel-die-zeitschrift-bravo-podcast-148, Stand: 14. März 2015
[16] Vgl. Pilarczyk, Bravo!, http://www.spiegel.de/kultur/gesellschaft/50-jahre-jugendmagazin-na-bravo-a-433331.html, Stand: 14. März 2015
[17] Vgl. Wolf, Geschichte, http://www.augsburger-allgemeine.de/panorama/Die-Geschichte-der-Bravo-id4508146.html, Stand: 14. März 2015
[18] Vgl. Pilarczyk, Bravo!, http://www.spiegel.de/kultur/gesellschaft/50-jahre-jugendmagazin-na-bravo-a-433331.html, Stand: 14. März 2015
[19] Vgl. Dr.Sommer, History, http://www.bravo.de/dr-sommer/die-dr-sommer-history-so-fing-alles-239375.html Stand: 14. März 2015
[20] Es wäre allein schon interessant zu Prüfen auf welchen Wertvorstellungen die Aussage der Jugendschützer, über die „Inbetriebnahme" der Geschlechtsorgane, zu Grunde liegt.
[21] Schmidt, Die Zeitschrift „Bravo", http://www.wissen.de/podcast/dr-sommer-starschnitt-und-tokio-hotel-die-zeitschrift-bravo-podcast-148, Stand: 14. März 2015
[22] Vgl. Pilarczyk, Bravo!, http://www.spiegel.de/kultur/gesellschaft/50-jahre-jugendmagazin-na-bravo-a-433331.html, Stand: 14. März 2015

Bravo Sport, Bravo TV und weiteren Sonderheften.[23] Doch trotz der Diversifizierung schafft man es bis heute nicht, aus dem Auflagentief, was dazu führt, dass die Zeitung seit Dezember 2014 nur noch alle vierzehn Tage, anstatt wöchentlich erscheint und einige Stellen gestrichen wurden.[24] Doch trotz der starken Publikumseinbußen muss man es als große Leistung ansehen, sich als Zeitschrift fast 58 Jahre die Position des Marktführers zu erhalten.[25]

3.2 Publikum/Zielgruppe

Mit Kernthemen wie Star und People, Aufklärung, und Trends aus Web, Musik, Kino und Style liegt die Zielgruppe der Bravo eindeutig bei den jungen Teenagern. Laut Eigendarstellung in deren Objektprofil ist die Bravo die größte Jugend – Multimediamarke Europas, mit einer Kernzielgruppe im Alter von 12-17 Jahren.[26] Diese setzt sich zu vierzig Prozent aus Jungen und zu sechzig Prozent aus Mädchen zusammen.[27] Doch zieht man weitere Quellen hinzu findet man heraus, dass elf Prozent der Bravo Leser sechs bis zehn Jahre alt ist.[28]Bei einer Leserschaft von 124.265 Jungs und Mädchen pro Ausgabe wären das immerhin 13.669 derselben, die altersmäßig unter der angegebenen Zielgruppe liegen.[29] Geht man nun davon aus, dass die Bravo die von einem Kind in diesem Alter gekauft wird, nicht nur von einer Person gelesen wird, sondern auch vom Freundeskreis, kann man sagen, dass die eigentliche Leserschaft der Bravo wesentlich jünger ist. Doch auch wenn man mit den offiziellen Daten der IVW und der Bauer Media Group rechnet, kommt man auf ein Durchschnittsalter des Bravolesers von circa dreizehn Jahren.[30] Ein Alter in dem der Leser juristisch noch ein Kind ist und noch nicht als Teenager/Jugendlicher bezeichnet werden kann.

3.3 Analysierte Kategorien

Im Folgenden werde ich einen kurzen Überblick über die von mir betrachteten Kategorien der Bravo geben, ich werde eine Beschreibung liefern und kurz erläutern, warum sie mir relevant erscheinen. Untersucht werden die Beiträge der Kategorien daraufhin, ob sie sich in Bezug auf die Wertvorstellungen der Leser problematisch auswirken können. Betrachtet werden die Beiträge der Kategorien: Dr. Sommer, Stars und Foto-Love (Print & Internet). Aus jeder Rubrik werde ich einen Beitrag beispielhaft auswählen und analysieren. Im Anschluss der einzelnen Analysen, werde ich zu jeder Kategorie einen Gesamteindruck formulieren.

---

[23] Vgl. Bauer Media Group, Objektprofil BRAVOfamily, Stand: 15. März 2015
[24] Vgl. http://de.wikipedia.org/wiki/Bravo_%28Zeitschrift%29#Geschichte, Stand: 15. März 2015
[25] Vgl. http://goo.gl/gzxpWs, Stand: 15. März 2015
[26] Vgl. Bauer Media Group, Objektprofil BRAVOfamily, Stand: 15. März 2015
[27] Ebenda, S.25
[28] Vgl. Monssen–Engberding, Jugendmedienschutz, S. 165
[29] Vgl. http://goo.gl/gzxpWs, Stand: 15. März 2015
[30] Vgl.Schmidt, Die Zeitschrift „Bravo", http://www.wissen.de/podcast/dr-sommer-starschnitt-und-tokio-hotel-die-zeitschrift-bravo-podcast-148, Stand: 14. März 2015

Dr. Sommer: Dr. Sommer ist eine der wohl ältesten und bekanntesten Bravo Rubriken. Seit 1969 bis zu seinem Tod beantwortete der Arzt und Therapeut Martin Goldstein die Fragen der Jugendlichen rund um Liebe, Sexualität und Pubertät. Heute besteht Dr. Sommer aus einem Team bestehend aus Psychologen, Therapeuten, Gynäkologen und Urologen.[31] Jahrelang war und ist Dr. Sommer für viele Jugendliche ein wesentlicher Bestandteil der sexuellen Aufklärung.[32] Eine Betrachtung dieser Kategorie ist insofern relevant, da die Bravo wegen dieser schon mehrfach auf den Index gesetzt wurde.

Stars: *„Du willst immer Bescheid wissen, was im Leben der Stars abgeht? Dann bist du hier richtig! Denn hier findest du alle News, Bilder oder Videos von deinen Lieblingen! Außerdem erwarten dich coole Kino-News, Musiktipps, TV-Clips und natürlich unsere Web TV-Videos. Check hier alles über deine Stars...*"[33] Relevant erscheint mir diese Kategorie, da gerade in Interviews teilweise Inhalte abgedruckt werden, die meiner Ansicht nach weit über den Bekannten „Aufmerksamkeit durch Schock Effekt" hinaus gehen oder einfach moralisch fragwürdig sind.

Foto-Love: Jeder der schon einmal Bravo gelesen hat, kennt sie: Die Foto-Love-Storys. Sie sollen möglichst spannend sein, realistisch und hin und wieder sogar über Gefahren aufklären, jedoch dienen sie größtenteils der Unterhaltung. Bravo selbst beschreibt sie auf ihrer Homepage so: *„Gefühlschaos, Liebeskummer und Kribbeln im Bauch: Hier findest du die besten BRAVO-Fotolovestorys und Geschichten über Liebe und Freundschaft auf einen Schlag! Lehn dich zurück und fühle mit!*"[34]Relevant für diese Arbeit, ist Rubrik Foto-Love, da sie schon mehrmals Auslöser von Skandalen und Indizierungsanträgen war. Aus diesem Grund gehe ich auch auf Foto-Love-Storys ein, die nur online verfügbar, welche aber auch schon in einer Printausgabe erschienen sind.

---

[31] Vgl. http://de.wikipedia.org/wiki/Bravo_%28Zeitschrift%29 Stand: 14. März 2015
[32] Vgl. http://www.welt.de/vermischtes/prominente/article108908341/Dr-Sommer-Petting-Aufklaerer-von-Generationen.html, Stand: 15. März 2015
[33] http://www.bravo.de/stars, Stand: 15. März 2015
[34] http://www.bravo.de/fotolovestory, Stand: 15. März 2015

4. Analyse

4.1 Stars: Interview mit Farid Bang

In der Bravo Ausgabe 04, vom Februar 2015, wurde in der Rubrik „Stars" ein Interview mit Farid Bang abgedruckt. Farid Bang ist Deutsch-Rapper und bringt regelmäßig neue Alben auf den Markt. Das neueste, auch im Artikel beworbene trägt den Titel: „Asphalt Massaka 3". Zunächst sollte erwähnt werden, dass es gerade in der Deutsch-Rap-Szene üblich ist oder zumindest sehr oft vorkommt sich als „Gangster" zu geben und gegen seine Konkurrenten zu Hetzen. Farid Bang veröffentlichte bisher sieben Alben, von denen jedoch drei von der Bundesprüfstelle indiziert wurden.[35] [36] Ich werde nun auf das Interview, auch mit Blick auf die Alterspanne der Leser, eingehen. Interviewt wird Farid Bang über sein neues Auto, erschienen ist der Artikel mit dem Titel: „Nur in Bravo zeigt Farid sein neues „Bang Mobil"!" Der Artikel nimmt eine Din A4 Doppelseite ein. Abgebildet, über die ganze Seite, ist Farid Bang neben seinem neuen Geländewagen. Der gewählte Kamerawinkel, auf der Höhe des Vorderrades nach schräg links oben, lässt Farid, aber hauptsachlich das Auto grösser/bedrohlicher wirken. Von links oben fällt rotes Licht auf die Szenerie, was später für den Gesamteindruck wichtig ist, den der Artikel vermittelt. Das Interviel kommt insgesamt nur auf eine halbe Seite Text, jedoch möchte ich auf einige Äußerungen von Farid Bang, geordnet nach der Stärke der Problematik, näher eingehen. Auf die Frage warum er genau dieses Auto gekauft habe, antwortet er, Es passe zu seinem Genitalbereich, groß und schwarz. Die Tatsache, dass der Redakteur nicht weiter auf diese Aussage eingeht, sondern ganz einfach zur nächsten Frage übergeht, liegt vermutlich daran, dass dieses Verhalten in der Deutsch-Rap-Szene schon seit Jahren verbreitet ist und daher an skandalösem Inhalt verloren hat. Doch genau hier sehe ich eine Problematik, denn es wird eindeutig etwas miteinander verknüpft was nicht zusammen gehört. Denn der Wert oder das Aussehen von etwas Materiellem hat nichts mit der „Männlichkeit" einer Person zu tun. Doch dies wird den Lesern hier unterschwellig vermittelt. Wer sich etwas einzigartiges Materielles leisten kann, ist männlicher. Eine weitere Aussage Farids ist, dass bei ihm nur heiße Frauen mitfahren dürften. Diese Aussage ist ja an sich nicht problematisch, da er ja durchaus selbst entscheiden kann, wen er in seinem Auto mitnimmt. Sieht man die Aussage jedoch im Kontext des gesamten Interviews wird die Problematik deutlich. Stars wie Farid Bang nehmen für viele, hauptsächlich männliche, Leser/Hörer eine Vorbildfunktion ein. Diese imitieren oder übernehmen dann möglicherweise seine eventuell nur gespielte Einstellung. Die jungen Leserinnen treffen immer wieder auf diese und bekommen dadurch vermittelt, wenn sie nicht „heiß" genug seien, bekämen sie keine Beachtung. Farid wird auch nach seiner Meinung gefragt, ob das Auto ihn attraktiver für das andere Geschlecht mache. Er antwortet darauf hin, dass die Frauen weniger auf sein

---

[35] Vgl. http://de.wikipedia.org/wiki/Farid_Bang#cite_note-charts-24, Stand: 20.03.2015
[36] *Jedoch ist zu beachten dass die Indizierung jeweils erst ein bis drei Jahre nach Veröffentlichung durchgeführt wurde, was die Frage der Effizienz aufwirft da die Alben nach einem Jahr längst im Netz „verfügbar" sind.*

Aussehen achten würden, und er auch nicht mehr zum Friseur müsse, da das Auto sein Aussehen ja sowieso in den Schatten stelle. In dieser Aussage wird den männlichen Lesern vermittelt, wenn man(n) nur genug Geld, oder materielles habe, würden Frauen Dinge wie Verhalten und Persönlichkeit achten sondern einfach „Schlange stehen". Hier sehe ich darin die Wertverletzung, dass Gefühle indirekt als käuflich dargestellt werden.[37] Farid Bang meint auf eine weitere Frage, einmal am Tag müsse er mindestens Geschlechtsverkehr in seinem Auto haben. Er habe es sich ja nicht gekauft um von A nach B zu fahren, es sei für ihn vielmehr ein fahrender Puff. Hier werden erneut Gefühle, diesmal sehr deutlich, als käuflich präsentiert und die Frau als austauschbares Sexobjekt dargestellt. Letzteres stellt eine deutliche Verletzung der Menschenwürde, nach Kant[38], der Frau dar. Denn nach ihr sind alle Menschen gleichwertig und achten sich gegenseitig. Weiter werden Werte wie Treue, Wertschätzung oder zwischenmenschliche Gefühle herabgesetzt. Auf die Frage wie viel das Auto gekostet habe, antwortet Farid Bang: „[...] Nur so viel: Es ist mehr wert als das Leben von drei deutschen Rappern...'[39] Dies ist im ganzen Interview die stärkste Wertverletzung, da wenn auch scherzhaft, der höchste Wert, der menschlichen Lebens, herabgesetzt wird. Solcher Umgang mit Werten könnte auf Dauer, speziell bei jungen Lesern, zu einer Neuordnung der Werte, einem Wertewandel, führen. Und zu im schlimmsten Fall auch zu einer unbewussten Erhöhung von materiellen Werten über das Wohl, die Würde anderer Menschen. Besonders gefährdet ist hier die jüngste Lesergruppe, da sie eventuell nicht erkennt, dass diese Äußerungen größtenteils nicht ernst gemeint sind, und/oder zum Verkauf eines bestimmten Images publiziert werden. Daher finde ich es sehr fragwürdig, ein Interview mit diesen, hauptsächlich frauenverachtenden, Inhalten zu veröffentlichen. Alles in allem habe ich den Eindruck, in der Rubrik „Stars" immer wieder Inhalte Abgedruckt werden, die provozierend bis moralisch Problematisch sind. Jedoch muss sich gerade in dieser Rubrik gefragt, werden ob diese kleinen „Skandale" nicht gewollt herbei geführt werden, um die Auflagenzahl in die Höhe zu treiben. Des Weiteren fällt ein deutlicher Qualitätsunterschied auf, wenn man die aktuellen Artikel mit Artikeln aus Beispielsweise den 80er Jahren vergleicht.[40]

4.2 Dr. Sommer: „Lust auf Bodycheck"

In der Rubrik Dr. Sommer möchte ich auf einen sehr kleinen Bestandteil eingehen, der jedoch in jeder Ausgabe vorhanden und deshalb relevant ist. Es geht dabei um eine kleine Anzeige, sie trägt den Titel „Lust auf Bodycheck".[41] Diese Anzeige fordert den Leser auf, wenn er kein Problem damit habe sich nackt zu zeigen und eine Geschichte aus seiner Pubertät zu erzählen, eine

---

[37] Vgl. Bravo, Nr. 4/2015, S. 14
[38] Vgl. http://goo.gl/wbueAL, Stand: 20.03.2015
[39] Bravo. Nr. 4/2015, S.15
[40] Vgl. http://www.bravo-archiv.de/bravo-80er.php, Stand: 22.03.2015
[41] Bravo, Nr. 6/2015, S. 29; Bravo, Nr. 4/2015, S. 29; usw

Bewerbung mitsamt Ganzkörperfoto an die Bravoredaktion zu schicken. Als Belohnung werden den Teilnehmern 100 Euro versprochen. Des Weiteren wird kurz erwähnt dass man nur Jungen und Mädchen im Alter von 18 bis 25 Jahren suche. So viel zum Inhalt der Anzeige. Ruft man sich erneut in Erinnerung dass die Bravo Leser laut Bauer Media Group 12 bis 17 Jahre alt sind, drängt sich mir die Frage auf, warum es diese Anzeige überhaupt gibt. Denn rein theoretisch dürfte sich ja niemand, oder zumindest kaum jemand, bei der Bravo melden. Zusätzlich findet sich keine Information ob es eine AGB-Regelung gibt und wenn ja wo man diese einsehen kann. Dies führt dazu dass rechtlich nicht geregelt ist, wo, wie und zu welchem Zweck diese Bilder veröffentlicht werden dürfen. Da die Auswahl der Fotos über ein „Bewerbungsverfahren" geregelt wird, ist nicht geklärt was mit den Bildern geschieht, die nicht in der Printausgabe der Bravo erscheinen, oder abgesichert wird, dass man die 100 Euro erhält. Dazu kommt, dass der Leser in keiner Weise darüber aufgeklärt wird, welche Folgen eine Veröffentlichung eines solchen Bildes haben könnte. Zum Beispiel auf die spätere Arbeitsplatzsuche, da sich die Bilder durchaus im Internet wiederfinden könnten. Eine Bravoausgabe wurde bereits indiziert, da sich in ihr ein 13 jähriges Mädchen, welche juristisch noch als Kind gilt, ablichten und interviewen ließ.[42] Dies ist zwar schon 1995 geschehen, jedoch stellt sich trotzdem die Frage ob die Altersgrenze eingehalten wird. Denn jüngere Leser könnten sich durchaus durch die versprochenen 100 Euro dazu verlocken lassen, ein falsches Alter anzugeben und trotzdem Fotos einzuschicken. Durch die falsche Altersangabe ist der Bauer Media Verlag zwar rechtlich abgesichert, moralisch fragwürdig ist die Anzeige aber schon. Denn sie stiftet ohne Aufzeigen der möglichen Folgen zum Verkauf von erotischem Bildmaterial seiner selbst an. Ebenfalls ist es fragwürdig in wie fern es dem Zweck der Aufklärung dient 18 bis 25 jährige Männer und Frauen nackt abzubilden. Denn sie sind in der körperlichen Entwicklung schon sehr viel weiter als die 12 bis 17 jährigen Leser. Ist daher nicht zum Zwecke der Aufklärung sinnvoller, den Entwicklungsverlauf darzustellen und zu beschreiben, dies würde auch mit nicht fotographischen Bildern funktionieren.[43] Berechtigt scheint daher auch die Frage, ob die Aufklärungsrubrik der Bravo in diesem Teil nicht viel mehr Aufreizen als Aufklären möchte. Ich stellte all diese Fragen der Bravo Redaktion, in einer E-Mail[44], auf welche ich bis heute (23.03.2015) keine Antwort bekam. Insgesamt lässt sich zu der Rubrik Dr. Sommer sagen, die Zeit der skandalösen Aufklärungsschriften ist scheinbar vorbei. Das Dr. Sommer Team gibt in allen Untersuchten Artikeln pädagogisch einwandfreie Antworten auf harmlose Fragen. Über die Relevanz der Inhalte lässt sich streiten, sind jedoch in keiner Weise Jugendgefährdend und dienen in den meisten Fällen wirklich allein der Aufklärung in fragen die die Jugendlichen bewegen. Daher musste ich wieder erwartend feststellen dass die Dr. Sommer Rubrik, zumindest

---

[42] Vlg. http://de.wikipedia.org/wiki/Bravo_%28Zeitschrift%29#Zielgruppe_und_klassische_Rubriken, Stand: 17.03.2015
[43] Wie z.B. die Darstellungen in Biologiebüchern.
[44] Siehe Anhang.

in der Gegenwart, nicht die meisten Wertverletzungen aufweist. Bis auf die moralisch fragwürdige Anzeige kommt die Rubrik tadellos davon.

4.3 Foto-Love: „Der One-Night-Stand"

Auch die Rubrik der Foto-Love-Storys war schon mehrmals Grund einer Indizierung der Bravo durch die Bundesprüfstelle.[45] Sie dienen hauptsächlich der Unterhaltung, thematisieren aber immer wieder Probleme oder Gefahren. Das ausgewählte Beispiel wurde in der Online Ausgabe der Bravo veröffentlicht, ist jedoch vorher 2006 in der Printausgabe erschienen. Die Story trägt den Titel *„Der One Night Stand"*[46], da sie jedoch seiteinigen Wochen online nicht mehr verfügbar ist gebe ich eine kurze Inhaltsangabe, um die Kritik verständlicher zu machen. Die Hauptcharaktere der Love-Story sind Sandy, 16 Jahre und Basti 17 Jahre. Der Ausgangspunkt der Geschichte ist, dass Basti das Public Viewing eines WM-Spiels einem Date mit Sandy vorzieht. Letzten Endes gibt Sandy nach und geht mit zum Public Viewing. Dort jedoch streiten sie sich, woraufhin sich Sandy mit einem Bier zurückzieht. Kurz darauf bekommt Sandy Gesellschaft von Rob, dem Bösewicht der Story. Laut Kurzbeschreibung ist er ebenfalls 17 Jahre alt, mag Blondinen und „nimmt gerne mit was geht". Er überredet sie zu weiteren Bier, und macht sie letztendlich betrunken. Als sie dann nach Hause möchte, begleitet er sie. Zuhause angekommen zieht er die gerade ohnmächtig werdende aus und vergeht sich an ihr. Nachdem Sandy wieder bei sich ist, macht sie sich Vorwürfe, Basti mit einem Seitensprung betrogen, und ungeschützten Geschlechtsverkehr gehabt zu haben. Des Weiteren stellt sich heraus, dass Rob HIV positiv ist. Sandy hat natürlich Angst nun auch infiziert zu sein und macht einen Test, erfährt jedoch, dass sie das Ergebnis erst in zwölf Wochen wissen werde. Zudem wird Sandy von ihren Freundinnen nun ausgegrenzt, da sie nichts mit der Untreuen zu tun haben wollen. Letztes Endes vertraut sich Sandy Basti, an welcher anfängt vor Wut zu rasen und meint dass das was Rob getan hat, doch strafbar sein müsse. Jedoch geht keiner der Protagonisten zur Polizei, stattdessen schlägt sich Basti mit Rob. Bei der Schlägerei vermischt sich das Blut der beiden, wodurch im offenen Ende der Story nicht nur Sandy, sondern auch Basti Angst hat, sich infiziert zu haben. Die Fotostory endet mit dem Satz, *„Das stehen wir zusammen durch, Schatz".*[47] Zu kritisieren an dieser Foto-Story ist nicht etwa die Tatsache, dass Probleme wie Alkoholmissbrauch oder gar eine Vergewaltigung angesprochen werden, sondern das Wie. Nachdem sich jedoch auf dem Blog einer Feministin schon 2011 ein Sturm der Entrüstung entlud[48], der ein großes Echo in anderen Zeitungen fand, möchte ich den Bauer Verlag zitieren, der die Kritik zurückweist, und sich weiter zum Ziel der Foto-Storys äußert: *„[Ziel ist es immer], genau zu zeigen was passieren kann, mit plakativen, für die Jugendlichen nachvollziehbaren*

---

[45] Vgl. Monssen–Engberding, Jugendmedienschutz, S. 151-154
[46] http://www.bravo.de/lifestyle/foto-lovestory/der-one-night-stand, Stand: 27.02.2015
[47] Ebenda, Bild 60
[48] Vgl. http://maedchenmannschaft.net/bravo-verherrlicht-vergewaltigung, Stand: 15.03.2015

Geschichten."[49] Der Versuch die Jugend über Gefahren aufklären zu wollen ist ja ehrbar, jedoch ist es ihnen, um zur Kritik zurückzukommen, mit dieser Foto-Story sicher nicht gelungen. Denn es wird dem Vergewaltigungsopfer die Schuld zugeschrieben. Diese Einstellung, dass das Opfer doch selber Schuld habe, sollte in der heutigen Zeit eigentlich sowohl moralisch, als auch logisch überholt sein. Zudem wird, was noch eine viel drastischere Wertverletzung darstellt, die Vergewaltigung, nicht ausreichend als solche gekennzeichnet, sondern sogar als Seitensprung und Betrug dargestellt. Hier wird definitiv die Würde der Frau herabgestuft und potentielle Täter könnten dadurch zur Tat ermutigt werden, da sie hoffen könnten, mit einem „Seitensprung" davon zu kommen. Darüber hinaus werden Vorurteile über HIV erkrankte Menschen verbreitet, da er im Steckbrief als jemand vorgestellt wird als jemand der „mitnimmt was geht", und ungeachtet seiner Krankheit ungeschützten Geschlechtsverkehr mit jemandem hat, der sich nicht wehren kann. Ich sehe durch diese Stereotypisierung eine Verletzung der Würde HIV erkrankter Menschen, da sie als Menschen dargestellt werden, denen es egal ist, ob sie ihr Leiden an andere „weitergeben". Zudem werden zusätzlich falsche Tatsachen bezüglich des HIV-Tests verbreitet, es dauert keine zwölf Wochen, bis die Ergebnisse verfügbar sind. Es macht erst nach sechs Wochen Sinn eine Blutprobe zu entnehmen, da sich erst dann die entsprechenden Antikörper im Blut gebildet haben. Das Ergebnis des Tests steht aber in der Regel schon nach zwei bis fünf Tagen zur Verfügung.[50] Sieht man von all dem einmal ab und geht davon aus, dass sich all das nur aus einer unglücklichen Bilder und Formulierungswahl entwickelt hat, entsteht die Vermutung, dass die Idee dahinter die Behandlung von kritischen Themen war. Diese ist aber grandios gescheitert. Denn HIV, Alkohol, Vergewaltigung, Untreue und die Ausgrenzung der Opfer, zusammen mit einer klischeebehafteten Rollenwahl sind vielleicht etwas zu viele brisante Themen für eine Foto-Story mit durchschnittlich 60 Bildern. Doch genau dies scheint das Problem dieser Rubrik zu sein. Wenn die Foto-Love-Storys ein kritisches Thema behandeln, sind es entweder zu viele auf einmal und/oder, die Rollen sind so klischeebehaftet, dass der eigentliche Sinn der Geschichte verzerrt oder nicht mehr verstanden wird. Insgesamt habe ich den Eindruck, dass wenn die Redakteure ein wenig mehr auf ihre Rollenwahl und die Formulierung achten würden, könnte diese Rubrik sogar das anfangs von Bauer Media formulierte Ziel erreichen.

---

[49] http://www.spiegel.de/panorama/protest-gegen-bravo-foto-fies-story-a-776987.html, Stand: 20.03.2015
[50] Vgl. http://www.aidshilfe.de/de/sich-schuetzen/faq-zum-hiv-test, Stand: 22.03.2015

5. Fazit

5.1 Zusammenfassung

Nach dem ich mich nun ausführlich mit Werttheorien, der Geschichte der Bravo, und den drei großen Rubriken auseinandergesetzt habe, möchte ich nun noch einmal die wichtigsten Punkte eines aufführen. Im Anschluss werde ich dann eine Bilanz zu ziehen ob die Inhalte beziehungsweise die durch die Inhalte vermittelten Wertvorstellungen vertretbar sind. Da sich die Wert oder Moralvorstellung in den jungen Jahren eines Menschen bildet, ist bei dieser Überlegung, das Alter der Leser sehr stark zu gewichten. In der Rubrik Stars werden nicht oft, aber immer wieder Interviews mit fragwürdigen Inhalten, oder „Skandalgeschichten" über Stars abgedruckt, die oft einen Eindruck machen, als seien sie frei Erfunden oder bedürften zumindest keiner Quellenangabe. Diese kleinen „Skandale" sind meiner Meinung nach keine journalistischen Missgeschicke, sondern eingeplante „Schocker", um das Magazin im Gespräch zu halten. In der Rubrik Dr. Sommer komme ich zu einem Ergebnis, welches mich überrascht hat. Keine „skandalösen" Fragen und meist sowohl politisch, moralisch, als auch pädagogisch einwandfreie Antworten des Dr. Sommer Teams. Jedoch gibt es eben diesen einen Kritikpunkt, der relativ schwer wiegt. Die Bodycheck-Anzeige. Erhielt ich auf alle E-Mails an den Bauer Media Verlag immer eine rasche Antwort, so blieb eine Antwort auf die sich im Anhang befindende E-Mail bis heute aus. Die Foto-Love Storys dienen der Unterhaltung, und hin und wieder werden auch Problemthemen angesprochen. In den meisten Fällen sind die Fotogeschichten nicht zu beanstanden, vor allem jedoch wenn es an Problemthemen geht bekomme ich den Eindruck dass die Redakteure mit viel Enthusiasmus und wenig Donksport an die Sache heran gehen. Dies führt zu Klischeeverbreitung und oft sehr missverständlichen Foto-Storys.

5.2 Vertretbar oder nicht?

Nun zu einem Schluss zu kommen fällt mir relativ schwierig, denn einerseits sind die Inhalte der meisten Ausgaben harmlos, aber andererseits gibt es immer wieder Artikel deren zugrundeliegende Wertvorstellung ganz und gar nicht vertretbar ist, Daher habe ich beschlossen zuerst nach bestimmten Kriterien, Einzelurteile zu bilden um dann zum Gesamtschluss zu kommen. Nur anhand der Häufigkeit der Wertverletzungen komme ich zu dem Urteil, dass die Wertverletzungen zwar nicht schön sind, aber nicht häufig genug vorkommen um eine ernsthafte Gefahr für die Moral/Wertvorstellungen zu sein. Betrachtet man jedoch auch die Stärke der jeweiligen, auch im Bereich der Analyse aufgeführten, Wertverletzungen, bin ich der Meinung dass diese nicht mehr vertretbar sind. Wirft man nun einen Blick auf den Anteil, der maximal durch die Auflagenzahl erreichbaren Leser, an der Gesamtbevölkerung im Zielgruppenalter so erhält man eine vergleichsweise sehr geringe Prozentzahl von 2,61%.[51] Würde man mit den

---

[51] Vgl. DeStatis, Bevölkerung, http://goo.gl/IGNSMc, Stand: 22.03.2015

tatsächlichen potentiellen Lesern rechnen, 6 bis 17 jährige, würde diese Prozentzahl auf 1,38% sinken. Daher sehe ich nur eine sehr geringe Gefahr, von der Print Ausgabe ausgehen, da Werte und Wertewandel sich in der gesamten Gesellschaft vollziehen und dieser von jener akzeptiert werden muss. Das Publikum der Bravo Printausgabe ist nicht mehr groß genug, als dass sich ein Wertewandel allein von der Bravo ausgehend vollziehen könnte. Die Spezifizierung auf die Print Ausgabe der Bravo ist deshalb nötig da sich das Publikum von der Print Ausgabe in das Internet verschoben hat. Von einer Auflagenstärke von über einer Million zu Hochzeiten der Zeitschrift, sind nur noch 124.265 übrig geblieben. Diese sind jedoch nicht alle einfach verschwunden, sondern sind größten Teils ins Internet zu Bravo.de abgewandert. Denn die monatlichen Visits der Seite, von circa 8.600.000, sprechen für sich. Daher komme ich zu dem Schluss dass von der Bravo Printausgabe keine besondere Gefahr für die Wertvorstellungen der Jugendlichen ausgeht, und dass es vermutlich sinnvoller und ergiebiger gewesen wäre, die Internetausgabe der Bravo zu analysieren.

Anhang

I. Literaturverzeichnis

Bücher

Bueb, Bernhard: Was heißt Werteerziehung?, in: Alte Werte – neue Werte: Schlaglichter des Wertewandels, Göttingen, 2008

Inglehart, Ronald: Silent Revolution, Kassel, 2015

Katheder, Doris: Mädchenbilder in deutschen Jugendzeitschriften der Gegenwart, Freiburg, 2008

Monssen–Engberding, Elke: Bravo als Gegenstand des rechtlichen Jugendmedienschutzes, in: BRAVO, Sex und Zärtlichkeit: Medienwissenschaftler und Medienmacher über ein Stück Jugendkultur, Bonn, 2000,

Ohlig, Rudolf: Wert, in: Meyers grosses Taschenlexikon, Mannheim, 1995, Bd 24

Schmidt, Marcus: Kinderwerbung in Kinderzeitschriften, Frankfurt am Main, 1987

Internet

Aidshilfe: FAQ zum HIV-Test, Online Publikation, http://www.aidshilfe.de/de/sich-schuetzen/faq-zum-hiv-test, Stand: 22.03.2015

Bauer Media Group: Objektprofil BRAVOfamily, Online Publikation, http://www.baueradvertising.de/fileadmin/download/objektprofile/objektpro fil_bravofamily.pdf, Stand: 15. März 2015

Bravo Archiv: 80er Jahre BRAVOs im PDF-Format, http://www.bravo-archiv.de/bravo-80er.php, Stand: 22.03.2015

Bravo: Stars, Online Publikation, http://www.bravo.de/stars, Stand: 15. März 2015

                   Der One Night Stand, Online Publikation, http://www.bravo.de/lifestyle/foto-lovestory/der-one-night-stand, Stand: 27.02.2015

Foto-Love-Story, Online Publikation, http://www.bravo.de/fotolovestory, Stand: 15. März 2015

DeStatis: Bevölkerung, Deutschland, Stichtag, Altersjahre, Online Publikation, http://goo.gl/eG0nGM, Stand: 22.03.2015

Dr.Sommer: Die Dr. Sommer-History: So fing alles an, Online Publikation, http://www.bravo.de/dr-sommer/die-dr-sommer-history-so-fing-alles-239375.html Stand: 14. März 2015

IVW: Quartalsauflagen, Online Publikation,http://goo.gl/gzxpWs, Stand: 15. März 2015

Mädchenmannschaft: Bravo verherrlicht Vergewaltigung, Online Publikation, http://maedchenmannschaft.net/bravo-verherrlicht-vergewaltigung, Stand: 15.03.2015

Pilarczyk, Hannah: 50 Jahre Jugendmagazin: Na, Bravo!, Online Publikation, http://www.spiegel.de/kultur/gesellschaft/50-jahre-jugendmagazin-na-bravo-a-433331.html, Stand: 14. März 2015

Schmidt, Dorothea: Dr. Sommer, Starschnitt und Tokio Hotel – die Zeitschrift „Bravo", Online-Publikation, http://www.wissen.de/podcast/dr-sommer-starschnitt-und-tokio-hotel-die-zeitschrift-bravo-podcast-148, Stand: 14. März 2015

Spiegel: Protest gegen „Bravo": Foto-fieß-Story, Online Publikation, http://www.spiegel.de/panorama/protest-gegen-bravo-foto-fies-story-a-776987.html, Stand: 20.03.2015

Welt: "Dr. Sommer" – Petting-Aufklärer von Generationen, Online Publikation, http://www.welt.de/vermischtes/prominente/article108908341/Dr-Sommer-Petting-Aufklaerer-von-Generationen.html, Stand: 15. März 2015

Wikipedia: Bravo (Zeitschrift), Online Publikation, http://de.wikipedia.org/wiki/Bravo_%28Zeitschrift%29 Stand: 14. März 2015

Farid Bang, Online Publikation, http://de.wikipedia.org/wiki/Farid_Bang#cite_note-charts-24, Stand: 20.03.2015

Menschenwürde bei Kant, Online Publikation, http://goo.gl/wbueAL,
Stand: 20.03.2015

Wolf, Heiko: Die Geschichte der „Bravo", Online Publikation, http://www.augsburger-
allgemeine.de/panorama/Die-Geschichte-der-Bravo-id4508146.html,
Stand: 14. März 2015

E-Mail

Jg.11 - Facharbeit: Fragen zur Rubrik Bodycheck!

Sehr geehrte Bravo Redaktion,

Ich bin Schüler des 11. Jahrgangs an einem Gymnasium, und schreibe derzeit meine Facharbeit über das Thema "Kinder und Jugendzeitschriften".
Nun ist mir in der Bravo die Dr. Sommer Anzeige, "Lust auf Bodycheck" aufgefallen.
Nur ist es so das in keiner der von mir durchgearbeiteten Ausgaben diese Rubrik vorhanden ist.
Online finde ich auch keine Informationen über diese Rubrik, abgesehen von veralteten Scans und derselben Anzeige auf bravo.de!

Daher meine Fragen:
1. Gibt es diese Rubrik noch?
2. Was geschieht mit den Bildern die Versandt aber nicht abgedruckt/angenommen wurden?
3. Gibt es irgendwo eine AGB Regelung für welchen Zweck und wo die Bilder veröffentlicht werden?
4. Wie wird die Bezahlung der 100€ geregelt, wenn man erst die Bewerbung plus Foto versenden muss?

Ich hoffe sie können mir diese Fragen beantworten.

Mit freundlichen Grüßen

Mario Breunig

Bravo-Print-Ausgaben

Bravo: Nr. 04/2015
Nr. 06/2015

BEI GRIN MACHT SICH IHR WISSEN BEZAHLT

- Wir veröffentlichen Ihre Hausarbeit,
  Bachelor- und Masterarbeit

- Ihr eigenes eBook und Buch -
  weltweit in allen wichtigen Shops

- Verdienen Sie an jedem Verkauf

Jetzt bei www.GRIN.com hochladen
und kostenlos publizieren